ضرب المثل های دری افغانستان

# Proverba të ilustruara Afgane

دنیا با امید زنده است.

Doonya baa omeed zenda ast.

*Bota mbahet gjallë nga shpresa.*

The world is alive with hope.

ضرب المثل های دری افغانستان

# Proverba të ilustruara Afgane

Përmbledhja dhe përkthimi
original në anglisht:
Edward Zellem
ادوارد زالم

Përzgjodhi proverbat shqiptare:
Teuta Sadiku

Ilustrimi nga:
nxënësit e gjimnazit Marefat
Kabul, Afganistan

Cultures Direct Press

U botua në Shtetet e Bashkuara të Amerikës
Cultures Direct, LLC


ISBN-13: 978-0986238642
ISBN-10:  0986238643

For the children of
Afghanistan and Albania

Për fëmijët
e Afganistanit dhe të Shqipërisë

# Dedikimi

Ky libër i kushtohet me respekt popullit Afgan dhe gjithë atyre që punuan për të sjellë sigurinë dhe paqen.

## اهداء

این کتاب، با کمال احترام، به مردم افغانستان و آنهایی که همراه با آنان برای تأمین صلح و امنیت پایدار تلاش می‌کنند، اهدا می‌گردد.

## Ashtu siç thotë dhe proverbi:

چنانچه این ضرب‌المثل می‌گوید:

کوه هر قدر بلند باشد،
سر خود راه دارد.

*Koh har qadar beland baashad,
sar-e khod raah daarad.*

**Sado i lartë të jetë një mal,  do gjendet një monopat për të kapur majën.**

# Të dhëna për gjuhën Dari

## ن‌کته هایی درباره ی زبان دری

- Dari është një nga dy gjuhët zyrtare të Afganistanit.Tjetra është Pashto.

- Dari është gjuha që zakonisht përdoret në shumicën e biznesit dhe qeverinë e Afdanistanit.

- Dari është një gjuhë e lashtë dhe me vlera Disa e kanë quajtur gjuhë të mbretërve.

- Shumë besojnë se Dari është një formë e vjetër e Farsëve të Persikës ,gjuhës bazë të Iranit.Të dyja gjuhët kanë shumë ngjashmëri.

- Alfabeti Dari ka 32 shkronja. 28 shkronja janë njësoj me ato të alfabetit Arabik..Katër shkronjat shtesë përdoren për tingujt që nuk I përmban alfabeti arabik.

- Dari shkruhet nga e djathta në të majtën.Nuk ka gërma të mëdhaja dhe të vogla.Forma e shkronjave mund të ndryshojë në varësi të vendit të tyre brenda fjalës.

# Afganistani

## دربارہ ی افغانستان

Afganistani është një vend I bukur dhe tërheqës.Ai është një vend i lashtë që ndodhet midis Azisë Qendrore dhe asaj Jugore

Ai është një vend I dëgjuar për malet e larta dhe dimrat e ftohtë,por disa vende në Afganistan janë ultësira dhe të thata.

Afganistani ka një sipërfaqe toke pothuajse të njëjtë me atë të Francës Popullsia e tij është 30 milion banorë dhe përfshin shumë grupe etnike dhe fise.Grupet më të mëdhaja etnike janë Pashtun,Tajik,Hazara dhe Uzbek. Pothuajse e gjithë popullsia është e besimit mysliman.

Shumica e familjeve Afgane janë njësoj si shumë familje kudo në botë.:duan paqen dhe sigurinë e vendit ku fëmijët e tyre të rriten, të luajnë, të arsimohen dhe të jenë të lumtur.

# AFGHANISTAN

## Administrative Divisions

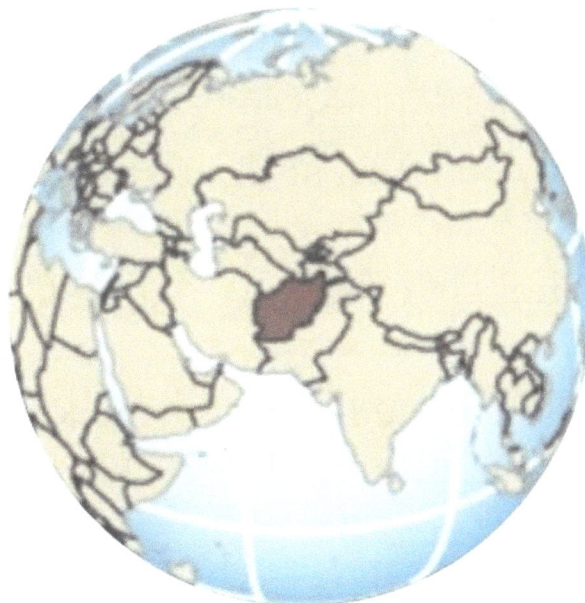

UZBEKISTAN

★ DUSHANBE

TAJIKISTAN

CHINA

TURKMENISTAN

Faizābād

BADAKHSHĀN

JOWZJĀN
Shibirghān

Mazār-e Sharīf

KUNDUZ
Kunduz

Tāloqān

TAKHĀR

BALKH

Aibak

FĀRYĀB

Sar-e Pul

SAMANGĀN

BAGHLĀN

Pul-e Khumrī

PANJSHIR

Pārūn

Maimanah

SAR-E PUL

Bāzārak

NŪRISTĀN

Qal'ah-ye Now

BĀDGHĪS

Chārīkar

PARWĀN

Mahmūd-e Rāqī

KĀPISA

Asadābād

KUNAR

Mehtar Lām

Herāt

HERĀT

Bāmyān

BĀMYĀN

KĀBUL

KABUL

★ KĀBUL

LAGHMĀN

Chaghcharān

GHŌR

WARDAK

Maidān Shahr

Jalālābād

NANGARHĀR

IRAN

Nīlī

DĀYKUNDĪ

Pul-e 'Alam

LŌGAR

PAKTIYĀ

Gardēz

ISLAMABAD ★

INDIA

Ghazni

GHAZNĪ

KHŌST

Khōst

Sharan

Tārin Kot

URUZGĀN

PAKTĪKĀ

Farāh

FARĀH

ZĀBUL

Qalāt

*

Lashkar Gāh

Kandahār

PAKISTAN

Zaranj

HELMAND

KANDAHĀR

NĪMRŌZ

1972 Line of Control

| | International boundary |
|---|---|
| | Province (welāyat) boundary |
| ★ | National capital |
| ⊙ | Province (welāyat) capital |

*Afghanistan has 34 provinces (welāyat)*

0   50   100   150 Kilometers
0        50        100        150 Miles

Scale 1:6,900,000

*Dilaram District is reported to be administered from Farah Province, but the Government of Afghanistan does not recognize its existence.

Boundary representation is not necessarily authoritative

# Udhëzues I Shqiptimit Fonetik
## هنمای تلفظ

- "kh" është një fonemë "k" e kombinuar me tingullin "h" e dalë nga prapa fytit ashtu si të duam ta pastrojmë atë.

- "oi" ashti siç shqiptojmë foljen " shkoi."

- "e" shqiptohet ei," as in "hay."

- "r" është një rrotullim i "r" përreth gjuhës.

- "ei/ai" shqiptohet ashtu si shqiptojmë fjalën "hay."

- "mei" dëgjohet me një tingull të lehtë "i".

- "gh" është një fonemë "g" e kombinuar me tingullin "h", pas fytit si të duam ta pastrojmë atë.

- "a" dëgjohet si "o," as in "August."

- "k" dëgjohet si një fonemë "k" e kombinuar me një tingëllim të lehtë të "h",pas fytit si të duam ta pastrojmë atë.

# Alfabeti Dari

## الفبا دری

| ث | ت | پ | ب | ا |
|---|---|---|---|---|
| sei (s) | tei (t) | pey (p) | bei (b) | alef (a) |

| د | خ | ح | چ | ج |
|---|---|---|---|---|
| daal (d) | khei (kh) | hei (h) | çei (ç) | xheem (xh) |

| س | ژ | ز | ر | ذ |
|---|---|---|---|---|
| sin (s) | zhey (zh) | zei (z) | rei (r) | zaal (z) |

| ظ | ط | ض | ص | ش |
|---|---|---|---|---|
| zoi (z) | toi (t) | zuat (z) | suat (s) | shin (sh) |

| ک | ق | ف | غ | ع |
|---|---|---|---|---|
| kaf (k) | kiaf (q) | fei (f) | gjein (gj) | ein (e) |

| و | ن | م | ل | گ |
|---|---|---|---|---|
| uau (w) | nun (n) | miim (m) | laam (l) | gaaf (g) |

| ه | ى |
|---|---|
| jaa (j) | hei (h or aa) |

# فرصت

*Forsat*

## Opportunity~Rasti

# ماهی را هر وقت از آب بگیری، تازه است.

*Maahee-raa har waqt az*
*aab biggeree, taaza ast.*

**When you take a fish**
**from the water, it is always fresh.**

**Kur nxirrni peshkun nga uji,**
**ai është gjithmonë i freskët.**

**Kuptimi I proverbës:**

Mos e humb rastin kur të vjen,shfrytëzo të gjitha mundësitë për të arritur më të mirën. Çdo rast e ka një fat.

(Përkatësisht në shqip: "Mos t`i ankohet fatit, ai që humbet rastin." "Mbaje zogun sa e ke në dorë.")

# قدر دانی

*Qadr-danee*

# Gratitude ~ Mirënjohja

کفش کهنه در بیابان
نعمت است.

*Kafsh-e kohna dar beyaabaan
neamat ast.*

**Old sandals in the desert
are a blessing.**

**Sandalet e vjetra janë të
bekuara në shkretëtirë.**

**Kuptimi I proverbës :**

Edhe pse diçka mund të jetë modeste dhe e
vjetër është e çmuar në se bën punën e të
nxjerr nga halli. Të jesh mirënjohës për atë
që ke dhe kërko atë që vërtet  të mungon
dhe e ke  nevojë.

(Përkatësisht në shqip:
"Mos i shiko gunën, po punën.")

موفق

*Mowafaq*

**Successful ~ Suksesi**

كوه هر قدر بلند باشد،
سر خود راه دارد.

*Koh har qadar beland baashad,*
*sar-e khod raah daarad.*

**Even if a mountain is very high,**
**it has a path to the top.**

**Sado të jetë një mal i lartë,**
**do ketë një monopat që të çon në majë.**

**Kuptimi I proverbës:**

Gjithshka arrihet me vullnet.
Asgjë nuk është e pamundur.

# تحصیل

*Tahseel*

## Education ~ Edukimi

ز گهواره تا گور،
دانش بجوی.

*Ze gahwaara taa guhr,
daanesh bejoye.*

**Seek knowledge from cradle to grave.**

**Kërko të mësosh nga djepi deri në varr .**

**Kuptimi I proverbës :**

Njeriu mëson gjithë jetën.

(Përkatësisht në shqip:
"Sa të rrosh do mësosh.")

# قوی

*Qa-wee*

## Strong ~ Forca

صد زدن زرگر،
یک زدن آهنگر.

*Sad zadan-e zar-gar,*
*yak zadan-e aahan-gar.*

**A hundred strikes by a goldsmith,**
**one strike by a blacksmith.**

**Njëqind goditje nga një argjendar,**
**një goditje nga një farkëtar.**

**Kuptimi i proverbës :**

Më mirë vepro një herë fuqishëm dhe
përfundo diçka, se sa të veprosh
shumë herë e ngadalë.

(Përkatësisht në shqip:
"Në kokë e në gropë."
"Më mirë shkelmin se sa helmin.")

# برابری

*Baraa-baree*

**Equality ~ Barazia**

همه را به یک
چشم نگاه کنید.

*Hama-raa ba yak chashm
negaah kuneed.*

**Everyone should be looked at
with the same eye.**

**Të gjithë duhen parë me të njëjtin sy.**

**Kuptimi I proverbës:**

Trajtoi të gjithë në mënyrë të barabartë,
pa dallim feje, ngjyre, gjinie,
race apo kombësie.

(Përkatësisht në shqip:
"Të një nëne s`jemi, të një balte jemi.
Jo ca të nënës, ca të njerkës.")

شخصيت

*Shakh-seeyat*

**Character ~ Karakteri**

نمد سیاه به شستن سفید نمی‌شود.

*Namad-e see-ya ba shustan*
*safed na-mey-shawad.*

**Black carpet cannot become**
**white by washing.**

**Qilimi i zi nuk bëhet i bardhë**
**duke u larë.**

**Kuptimi I proverbës:**

Njeriu i keq nuk bëhet i mirë. Është e vështirë të sjellësh njeriun me karakter të keq në rrugë të drejtë.

(Përkatësisht në shqip: "Delja e zezë nuk bëhet e bardhë." "Ujku qimen e ndërron por zakonin s`e harron.")

آفریننده

*Aa-fareen-enda*

**Creative ~ Krijimtaria**

ضرورت مادر
ایجاد است.

*Zaroorat maadar-e ejaad ast.*

**Need is the mother of invention.**

**Nevoja është nëna e krijimtarisë**

**Kuptimi I proverbës:**

Nevoja i bën njerzit kërkues e krijues.

# تحمل

*Tah-mal*

**Tolerance ~ Toleranca**

عیسی به دین خود،
موسی به دین خود.

*Isa ba deen-e khod,*
*Mousa ba deen-e khod.*

**Jesus to his religion,**
**and Moses to his.**

**Jezusi në  fenë e tij dhe Moisiu në të tijën.**

**Kuptimi I proverbës:**

Është e drejtë e çdo njeriu të zgjedhë, të mendojë e të ndjejë si  dëshiron. Duhet të respektojmë  ndjenjat, fenë dhe mendimin e tjetrit.

(Përkatësisht në shqip: "Sipas vendit dhe kuvendit." "Fshat e zanat, derë e kuvend.")

# تزوير

*Tazweer*

## Trickery ~ Mashtrimi

# بار کج به منزل نمی‌رسد.

*Baar-e kaj ba manzel na-mey-rasad.*

**A tilted load doesn't reach
its destination.**

**Ngarkesa e shtrembër nuk arrin
në destinacionin e duhur.**

**Kuptimi I proverbës:**

E mira gjithmonë triumfon.

(Përkatësisht në shqip:
"Qesh më mirë kush qesh i fundit."

*Shënim:* Kjo proverbë I referohet një fabule në Dari për dhelprën së cilës i pëlqente të vinte në lojë të tjerët. Dhelpra vuri në lojë paten duke i dhënë supë në pjatë. Pata nuk mundi të hajë për shkak të sqepit të saj të gjatë. Të nesërmen,pata i dha supën dhelprës në një qyp me grykën e ngushtë. Dhelpra nuk mundi të hajë, sepse hunda e saj e shkurtër nuk hynte në qyp. Kështu pata qeshi e fundit.

# ابله

*Abla*

**Silly ~ Marrëzia**

با هر چیز بازی،
با ریش بابا هم بازی.

*Baa har-cheez baazi,*
*baa reesh-e baa-baa ham baazi.*

**Joking about everything,**
**even Grandfather's beard.**

**Bën shaka me gjithshka ,**
**akoma dhe me mjekrën e plakut.**

**Kuptimi I proverbës:**

Kjo proverbë përdoret për dikë
që nuk është serioz e i kalon
kufijtë e shakasë.

(Përkatësisht në shqip:
"Gjella me kripë e kripa me karar.")

# وفاداری

*Wafaa-daary*

**Loyalty ~ Përkushtimi**

# تو به مه، مه به تو.

*Tu ba ma, ma ba tu.*

**You to me, me to you.**

**Ti për mua, unë për ty.**

**Kuptimi I proverbës:**

Të kujdesemi e të duam njeri tjetrin.

(Përkatësisht në shqip:
"Duaj, të të duan." "Njëra dorë lan
tjetrën dhe të dyja lajnë fytyrën.")

اغراق

*Egh-raaq*

**Exaggeration ~ Egzagjerimi**

# از کاه ، کوه نساز.

*Az kaah, koh nasaaz.*

**Don't make a mountain from straw.**

**Mos ngri malë nga një fije kashtë.**

**Kuptimi I proverbës:**

Mos i egzagjero gjërat.

(Përkatësisht në shqip:
"E bën qimen tra."
"E bën mizën buall.")

# امكانات

*Emkaanaat*

## Possibilities~Mundësia

سر زنده باشه،
کلاه بسیار است.

*Sar zenda baasha, kolaah besyaar ast.*

**If there is life in your head,
there are lots of hats.**

**Kuptimi I proverbës:**

Nuk ka gjë më të shtrenjtë se jeta.

(Përkatësisht në shqip:
"Numri në vend.")

ريا

*Reyaa*

**Hypocrisy ~ Hipokrizia**

روز ملنگ ، شو پلنگ.

*Roz malang, shao palang.*

**Daytime a saint, nighttime a tiger.**

**Ditën një ëngjëll, natën një tiger.**

**Kuptimi i proverbës:**

Thuhet për dikë që duket e hiqet si njeri i mirë, por tjetër  është e bën kur nuk e sheh njeri.

(Përkatësisht në shqip: "Të vret natën e të qan ditën.")

# مسئوليت

*Massoul-iat*

## Responsibility ~ Përgjegjësia

برف بام خوده
به بام ما ننداز.

*Barf-e baam-e khod-a*
*ba baam-e maa nandaaz.*

**Don't throw snow from**
**your own roof to ours.**

**Mos hidh dëborë nga çatia  jote**
**tek e jona.**

**Kuptimi I proverbës:**

Mos akuzo të tjerët për gabimet e
tua. Problemet e tua mos ua ngarko
të tjerëve.

(Përkatësisht në shqip:
"Është e lehtë barra në shpinë të huaj.")

خانه

*Khanna*

**Home ~ Mëmëdheu, Atdheu**

هر کس را وطنش
کشمیر است.

*Har kas-ra watan-ash Kashmir ast.*

**Everyone's homeland
is Kashmir to them.**

**Çdokujt I duket mëmëdheu
I bukur si Kashmiri.**

**Kuptimi I proverbës:**

Afganët besojnë se Kashmiri në Indi
është vend shumë I bukur ndaj dhe i
referohen sa herë duan të shprehin
bukurinë  dhe lidhjet  me  atdheun e tyre.

(Përkatësisht në shqip:
"Ku të duket balta më e ëmbël se mjalta.")

تلاش

*Talash*

**Effort ~ Përpjekja**

تا جان بتن است،
جان بکن است.

*Ta jaan batan ast, jaan bekan ast.*

**While we live, we strive.**

**Sa rrojmë përpiqemi e luftojmë.**

**Kuptimi I proverbës:**

Në jetë duhet punë e përpjekje.
Kush nuk punon dheut I rëndon

(Përkatësisht në shqip: "S`bëhet vreshti
me urata, por me shata e lopata.")

# تمرین

*Tamreen*

**Practice ~ Praktika**

بنویس، بنویس،
تا شوی خوش‌نویس.

*Benawees, benawees,*
*taa sha-wee khosh nawees.*

**Write, write, to become a good writer.**

**Shkruaj, shkruaj,**
**bëhesh shkrimtar i dëgjuar.**

**Kuptimi I proverbës:**

Duke u praktikuar vazhdimisht në
një gjë, arrin rezultatin e dëshiruar.

(Përkatësisht në shqip:
"Gur, gur bëhet mur.")

كيفيت

*Kayfeeyat*

**Quality ~ Cilësia**

# خر تیز بهتر از اسپ آهسته است.

*Khar-e teyz behtar az asp-e aahesta ast.*

**A fast donkey is better
than a slow horse.**

**Më mirë një gomar i shpejtë
se sa një kalë i ngathët.**

**Kuptimi i proverbës:**

Zgjidh atë që ka vlerë vërtet
Mos i vlerëso gjërat nga pamja e jashtme.

(Përkatësisht në shqip:
"Jo çdo gjë që shndrit është flori.")

امید

*Omeed*

**Hope ~ Shpresa**

پشت هر تاریکی،
روشنی است.

*Pusht-e har taareekee, roshanee ast.*

**After every darkness is light.**

**Pas errësirës ёshtё drita.**

**Kuptimi i proverbës:**

Vёshtirёsitё vinё e largohen dhe
gjithshka pёrmirёsohet.

(Pёrkatёsisht nё shqip:
"Pas natёs sё thellё vjen drita e djelltё.")

# احترام

*Ehteraam*

**Respect ~ Respekti**

بهشت زیر
پای مادران است.

*Behesht zer-e paay-e maadaraan ast.*

**Heaven is under the feet of mothers.**

**Parajsa shtrihet poshtë
këmbëve të nënave.**

**Kuptimi I proverbës:**

Roli i nënës është shumë i rëndësishëm
ndaj dhe parajsa ju përket atyre. Nënat
meritojnë dashurinë dhe respektin
e të gjithëve.

(Përkatësisht në shqip:
"Fëmija pa nënë si nata pa hënë.")

# حقيقت

*Haq-ee-qat*

## Truth ~ E vërteta

آفتاب به دو انگشت پنهان نمی‌شود.

*Aaftaab ba doo angusht pen-han na-mey-shawad.*

**The sun cannot be hidden by two fingers.**

**Nuk mbulohet dielli me dy gishta.**

**Kuptimi I proverbës:**

Nuk fshihet e vërteta,
si nuk fshihet dhe dielli me dy gishta.

(Përkatësisht në shqip:
"Nuk mbulohet dielli me shoshë.")

# ندامت

*Nedaamat*

**Regret ~ Pendimi**

پشت آب رفته،
بیل نگیر.

*Pushte aab-e rafta, bel nageer.*

**Don't take a shovel
to bring the water back.**

**Mos merr lopatën për të kthyer ujët pas.**

**Kuptimi I proverbës:**

Po u bë një gjë, nuk çbëhet më.
Vashdo rrugën drejt.

(Përkatësisht në shqip:
"Ujët e lumit nuk kthehen pas.")

# خطرناک

*Khattar-naak*

**Dangerous ~ Rreziku**

تیغ را به دست
دیوانه دادن.

*Tegh-raa ba dast-e daywaanah daadan.*

**To give a sharp knife
to the hand of a maniac.**

**Të lësh  thikën e mprehur në
duart e një maniaku.**

**Kuptimi i proverbës:**

Është e rezikshme t`i japësh një
detyrë të rëndësishme njeriut
të paaftë dhe të papërgjegjshëm.


(Përkatësisht në shqip:
"Lër ujkun të ruaj delet.")

نمونه

*Namuna*

**Sample ~ Mostër**

# مشت نمونه‌ی خروار است.

*Mosht namuna-ye kharwar ast.*

**A handful (of wheat) is
an example of the harvest.**

**Një dorë grurë
dëshmon korrjet në fushë.**

**Kuptimi I proverbës:**

Mjafton një mostër sado e vogël
për të dëshmuar tërësinë.

(Përkatësisht në shqip:
"Nga ajo farë në dhe, mbin një pemë.")

حد

*Hud*

**Limit ~ Caku**

# پایت را به اندازه‌ی گلیمت دراز کن.

*Paayat-ra ba andaaza-ye gelemat daraaz kon.*

**Extend your legs to the length of your carpet.**

**Shtriji këmbët aq sa ke qilimin.**

**Kuptimi I proverbës:**

Mos kërko më tepër se sa mund të arrish.

(Përkatësisht në shqip: "Shtrihi këmbët sa ke jorganin.")

تعجب

*Tajob*

**Surprise ~ Befasia**

از آنکه نمی‌دانی بدان.

*Az aan-ke na-mey-danee bedaan.*

**Expect the unexpected.**

**Të vjen nga nuk e pandeh.**

**Kuptimi I proverbës:**

Të jesh i përgatitur për çdo gjë,
akoma edhe për gjëra që
nuk ta pret mendja.

(Përkatësisht në shqip:
"E gjeti nga nuk e pandehu.")

# بی انصافانه

*Bey-ensaa-fanaa*

## Unfair ~ Padrejtësia

نخوردیم از آشش،
کور شدیم از دودش.

*Nakhordeym az aashesh,*
*kor shudeym az doodesh.*

**We didn't eat the soup,**
**but were blinded by the smoke.**

**Nuk hëngrëm supë,**
**se tymi na nxorri sytë.**

**Kuptimi I proverbës:**

Thuhet kur punën e bën dikush, por përfitojnë të tjerët që nuk e meritojnë.

(Përkatësisht në shqip:
"Punon kali e ha gomari.")

(*Shënim:* Afganët shpesh gatuajnë "aash,"
një lloj supe me makaronia mbi zjarr të hapur.)

# همکاری

*Ham-kaaree*

## Cooperation ~ Bashkëpunimi

به یک گَل، بهار نمی‌شه.

*Ba yak gul, bahaar na –mey-sha.*

**One flower doesn't bring spring.**

**Me një lule nuk vjen pranvera**

**Kuptimi I proverbës:**

Nuk mbarohet një punë vetëm nga përpjekjet e një njeriu. Kërkohet bashkim e bashkëpunim.

*Gjithashtu:* Mos u kënaq me pak dhe i lë gjërat zvarrë,kur një punë shkon mire në fillim.

(Përkatësisht në shqip: "Bashkimi bën fuqinë." "Me një lule nuk vjen behari.")

# حوصله

*Hawsela*

**Patience ~ Durimi**

# دیر آید، درست آید.

*Deyr aayad, dorost aayad.*

**Comes late, comes right.**

E mira vjen ngadalë por vjen e saktë.

**Kuptimi i Proverbës:**

Është mirë një punë të mbarohet ngadalë dhe saktë se sa shpejt dhe pa rezultat.

(Përkatësisht në shqip:
"I duruari, i fituari."
"E mira vjen për atë që di të presë.)

# چانس بد

*Chans-e-bad*

## Unlucky ~ Fatkeqësia

آش را ناخورده،
دهن سوخته.

*Aash-ra naa-khorda, dahan sokhtah.*

**Without eating any soup,
got a burned mouth.**

**Ju dogjën buzët pa ngrënë supën.**

**Kuptimi I proverbës:**

Përdoret kur dikush e vuan
ose e paguan shtrenjtë diçka,
pa pasur faj.

(Përkatësisht në shqip:
"Kush e bën, kush e pëson."
"Shkoi shyta të kërkojë brirët,
la edhe veshët.")

زیبایی

*Zebaa-ye*

**Beauty ~ Bukuria**

گل پشت و روی ندارد.

*Gul pusht wa rui na-daarad.*

**A flower has no front or back.**

**Lulja nuk ka anë të parme,
anë të pasme.**

**Kuptimi I proverbës:**

Proverba përdoret kur duam të vëmë në dukje bukurinë në përgjithësi, simetrinë dhe harmoninë e diçkaje.

*Gjithashtu:* e përdorim si një përgjigje të hijshme, kur dikush na kërkon falje për kthimin e kurrizit kundrejt nesh.

با عزم

*Ba-ezm*

**Determination ~ Vendosmëria**

قطره قطره دریا می‌شه.

*Qattra qattra daryaa mey-sha.*

**A river is made drop by drop.**

**Pikë pikë bëhet lumë.**

**Kuptimi I proverbës:**

Të jesh I vendosur e këmbëngulës për atë që do të arrish.Ndaj mos u zhgënje nga pengesat se gjërat e mira duan durim e vendosmëri.

(Përkatësisht në shqip: "S`pritet lisi me një sëpatë.")

# ظرفیت

*Zarfiat*

## Capability ~ Aftësia

دو تربوز به یک
دست گرفته نمی‌شود.

*Doo tarbuz ba yak dast*
*gerefta na-mey-shawad.*

**You can't hold two
watermelons in one hand.**

**Nuk mbahen dy karpuzë në një dorë.**

**Kuptimi I proverbës:**

Mos u ngatërro me shumë punë,
ose me diçka që s`mund t`ia
dalësh dot mbanë.

(Përkatësisht në shqip:
"S`mbahen dy kunguj nën një sqetull.")

غلطی

*Ghalatee*

**Mistake ~ Faji**

# از خاطر یک کیک، گلم را نسوزان.

*Az khaater-e yak kaik,*
*gelem-raa na-suzaan.*

**Don't burn a carpet for a flea.**

**Mos digj qilimin për një plesht.**

**Kuptimi I proverbës:**

Ruaj gjakftohtësinë ndaj çdo problemi. Mos bëj gabime të mëdha për të mbuluar të voglat.

(Përkatësisht në shqip:
"Për një pe për një gjilpërë shkoi një gunë e tërë."
''Gris gjirin, arno pëqirin.'')

هوشیار

*Hoosh-yar*

**Clever ~ Zgjuarsia**

طفل خورد هوشیار
بهتر از کلان جاهل.

*Tefl-e khord-e hoosh-yar*
*behtar az kalaan-e jaahel.*

**A clever little child is
better than a foolish adult.**

**Fëmija i zgjuar është njëmijë here më
i dobishëm se një i rritur i marruar.**

**Kuptimi I proverbës:**

Shpesh zgjuarsia është më
e dobishme se sa forca.

خوشبین

*Khosh-been*

**Optimism ~ Optimizmi**

دنیا با امید زنده است.

*Doon-ya baa omeed zenda ast.*

**The world is alive with hope.**

**Bota mbahet gjallë nga shpresa**

**Kuptimi I proverbës:**

Mos i humb shpresat
se kudo gjendet shpresa.

(Përkatësisht në shqip:
Ku ka gjallesë ka shpresë.)

# Gjithashtu nga Edward Zellem
*Një ndër dhjetë librat më të vlerësuar në mbarë mboten.*

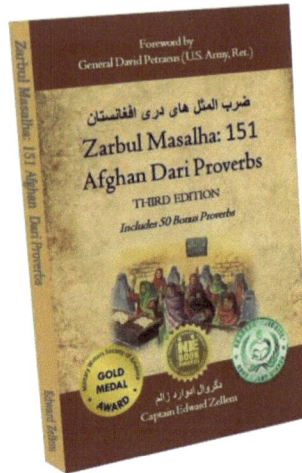

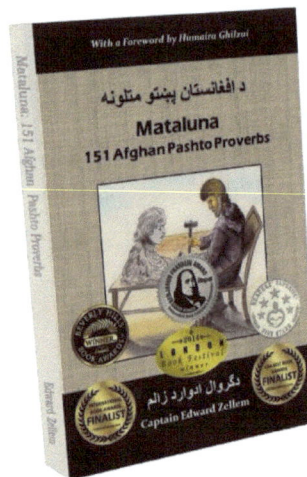

## Vlerësime për "Proverba të ilustruara Afgane".

"Librat e Eduardit Proverba Afgane janë një projekt I tij personal dhe janë të shumtë ata që thonë se këto libra I kanë për zemër dhe u kanë tërhequr vëmendjen sepse në këto libra kanë gjetur edhe zemrën edhe mendjen që dikush mund t`i ketë humbur. E them u ka fituar ,zemrën dhe mendjen dhe nënkuptohet humbja por askush nuk është I humbur në këtë rast. Në librat e tij Eduardi ka bashkuar zemrën me mendjen që në ditët e sotme është një detyrë jetike."

> **- General David.H.Petraeus (U.S. Army, ret)**
> *Forcat e NATO-s në Afganistan Komandanti*

"Këto proverba janë një rifreskim I traditave dhe filklorit të trashëguara brez pas brezit.Vërtet këto proverba janë një kënaqësi e vërtetë për dikë që është larguar dhe jeton larg Afganistanit."

> **- Leena Alam**
> *Aktorja afgane e vlerësuar me çmim Unama ambasadore e paqes.*

"Përmbledhjet me proverba të Zellem-it janë një punë e çmuar ku duket humanizmi që na bashkon."

> **- Dwight Jon Zimmerman**
> *New York Times: Një autor me sukses të veçantë*

"Ju bëj thirrje të gjithë të rinjve afganë të marrin një kopje të këtij libri.Nënat tuaja do të lumturohen tju dëgjojnë ju të flisniduke përdoror Proverba, Kam shënuar proverbat më të preferuara në të dhe çdo herë që flas me nënën time, Jejai them nga një thënie të re.Është kënaqësi për të kur dëgjon sa kam përparuar në gjuhën."

> **- Humaira Ghilzai**
> *Një nga link et më të mëdha në botë në ushqimin dhe kulturën Afgane.*
> *www.afghancooking.net*

"Ushtaraku Eduard Zellem ka shkruar një nga librat më të shquar të kujtimeve të fundit në lidhje meAfganistanin."

> **- Veterans Radio Network**

# Të tjera përkthime të librit "Proverba të ilustruara Afgane"

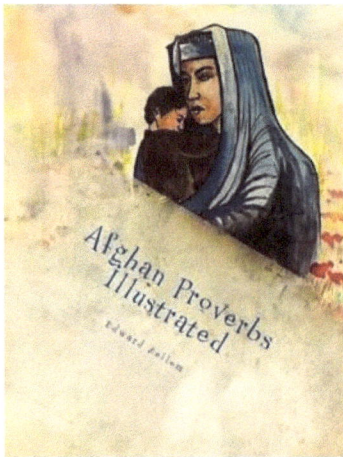

## Anglisht

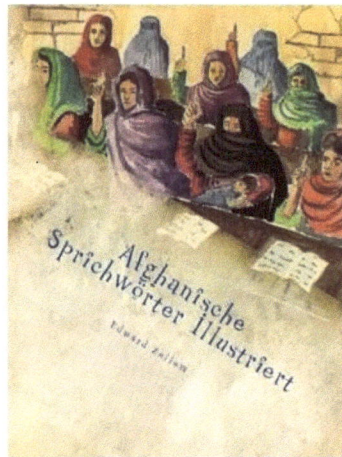

## Gjermanisht

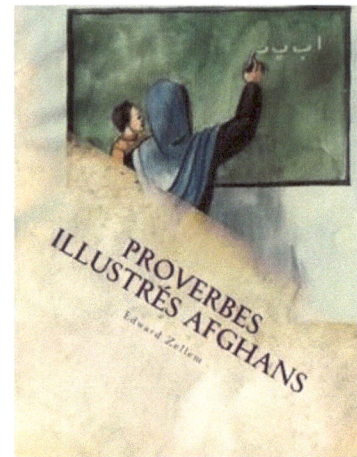

## Frëngjisht

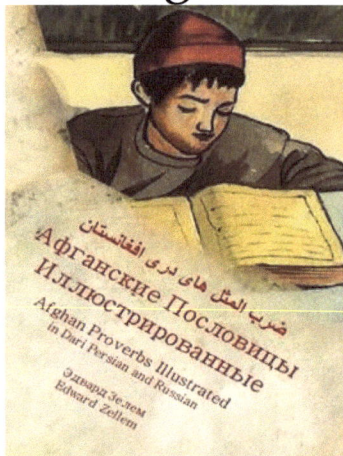

## Rusisht

## Polonisht

## Portugalisht

## Suedisht

## Spanjisht

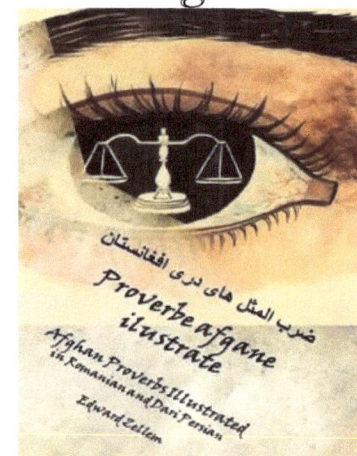

## Rumanisht

# Përkthime të tjera të librit "Proverba të ilustruara Afgane."

Hollandisht

Finlandisht

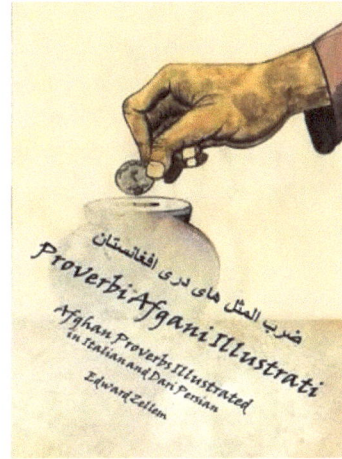
Italisht

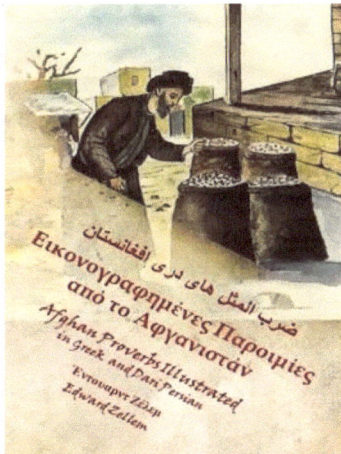
Greqisht

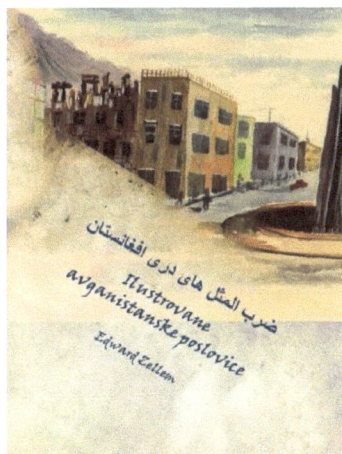
Serbisht

Korean

# 𝕻ak fjalë për autorin

**Oficeri Edward Zellem** ka shërbyer në marinën Amerikane si ushtarak për 26 vjet.Ka mësuar gjuhën Dari duke qëndruar pranë me Afganë gati një vit e gjysëm në Kabul dhe në Kadahar. Dhe për një vit në Pallatin Presindencial në Afganistan.

Gjatë qëndrimit në Afganistan mblodhi dhe përzgjodhi shumë proverba në gjuhën Dari të cilat i përdori si në jetën e përditshme ashtu dhe në atë profesionale.

I tërhoqën vëmendje proverbat me shumëllojshërinë e tyre, me anën edukative dhe funksionine tyre në jetën e përditshme.dhe kështu filloi të mbledhë t`i përkthejë dhe përshtatë ato në anglisht.

Fillimisht përmbledhja e cila përmbante dhe ilustrimet nga gjimnazistët e degës së artit të gjimnazit në Kabul u botua me titullin ''Zarbul Masalha151 Proverba të ilustruara Afgane.'' dhe më pas në vëllimin ''Proverba të ilustruara Afgane.''Që të dy librat janë botuar në gjuhën Dari dhe në anglisht. Me ndihmën e shokëve në Afganistan libri po përkthehet edhe në gjuhë të tjera.

# Pak fjalë për përkthyes

**Teuta Sadiku** ka studjuar në fakultetin e Filologjisë, Departamenti Gjuhë-Letërsi në Universitetin e Tiranës. Ka punuar mësuese në Shqipëri për pesë vjet rresht dhe më pas ka emigruar në Greqi ku punon e banon akoma. Nga viti 2004. Jep vullnetarisht mësim të gjuhës shqipe tek fëmijët e brezit të dytë,pas trajnimit disa vjeçar në mësimin plotësues të gjuhës amtare tek brezi I dytë I emigrantëve.

# Rreth AIP-IAP
## Associação Internacional de Paremiologia
## Lidhja Ndërkombëtare e Paremiologjisë

(AIP-IAP) **Lidhja Ndërkombëtare e Paremiologjisë** është një institucin kulturor jo fitimprurës që u krijua në qytetin Tavira në Algarve të Portugalisë.Kjo lidhje I është përkushtuar Proverbave ,studimit shkencor të tyre. Si e vetmja lidhje në llojin e saj në botë misioni dhe qëllimi I saj mes të tjerave është.

- Të nxisë bashkëpunimin mbarëkombëtar dhe përkatësisht në aspektin studimore të proverbave.
- Të përpilojë programe pune active me mësuesit si në shkollat shtetërore ashtu dhe në ato private.
- Të inkurajojë studjuesit e rinj të cilët ndihmojnë në përkrahjen dhe ruajtjen e thesarit të trashëgimnisë kulturore.
- Të organizojë rregullisht konferenca kombëtare dhe ndërkombëtare në këtë fushë.
- Të promovojë studimet në këtë fushë,studimin shkencor të proverbave.

Cilësia dhe sasia e aktiviteteve të AIP-IAP si dhe botimet e studjuesve antarë të saj ashmë janë të njohurara e pranuara nga specialistë në arenën ndërkombëtare,si nga gjuhëtarë ,paromiologë dhe Folkloristë dhe ata të Frazeologjisë.

Kjo dinamikë ka çuar në përkrahjen, mbështetjen dhe bashkëpunimin e çdo iniciative të lidhjes me Komunën e Tavira, me Fondacionin e Shkencës dhe Teknologjisë si dhe Qendrën shtetërore Kulturore në Lisabonë, si dhe Ministri I I Kulturës, përgjegjës për Kulturën në Algarve, UNESCO, e cila e ka vlerësuar AI P IAP duke afruar mbështetje e përkrahje të konsiderueshme. Më tepër informacion.në http://www.aip-iap.org.

## Artistët e librit
## Proverba të ilustruara
## Marefat High School Kabul,
## Gjimnazi Marefat, Departamenti I Artit

**(Nga e djathta në të majtë-rreshti I parë):** Sher Ali Hussaini, Najibullah, Salim, Ali Yasir, Qodratullah, Reza, Ehsan, dhe Hadi Rahnaward

**(Nga e djathta në të majtë-rreshti dytë):** Hamid Fidel, Zainab Haidari, Tahira Jafari, Tahira Mohammadi, Fatima Rezayi, Amena Noori, dhe Najiba

# Përmbajtja فهرست

www.ingramcontent.com/pod-product-compliance
Lightning Source LLC
Chambersburg PA
CBHW061053090426
42742CB00002B/31